Mariya Paskaleva
Ani Stoykova

Ligações e eficiência entre os derivados e o mercado de capitais europeu

Mariya Paskaleva
Ani Stoykova

Ligações e eficiência entre os derivados e o mercado de capitais europeu

ScienciaScripts

Imprint

Any brand names and product names mentioned in this book are subject to trademark, brand or patent protection and are trademarks or registered trademarks of their respective holders. The use of brand names, product names, common names, trade names, product descriptions etc. even without a particular marking in this work is in no way to be construed to mean that such names may be regarded as unrestricted in respect of trademark and brand protection legislation and could thus be used by anyone.

Cover image: www.ingimage.com

This book is a translation from the original published under ISBN 978-620-2-07858-0.

Publisher:
Sciencia Scripts
is a trademark of
Dodo Books Indian Ocean Ltd. and OmniScriptum S.R.L publishing group

120 High Road, East Finchley, London, N2 9ED, United Kingdom
Str. Armeneasca 28/1, office 1, Chisinau MD-2012, Republic of Moldova, Europe
Printed at: see last page
ISBN: 978-620-7-98594-4

ÍNDICE

RESUMO

Examinamos a eficiência do mercado e as ligações entre a dinâmica do mercado financeiro e o iTraxx Europe dos mercados de acções do Sudeste da Europa (SEE). Por conseguinte, este estudo visa responder se existe uma diferença entre o desempenho do mercado bolsista dos mercados de capitais desenvolvidos e emergentes do Sueste Europeu. Este trabalho utiliza o modelo GARCH, o teste de causalidade de Granger e a análise de correlação. Utilizamos os retornos do iTraxx Europe e os retornos diários de cinco índices dos mercados bolsistas do Sueste Europeu - Bulgária, Croácia, Eslovénia, Turquia e Roménia - durante o período após a crise financeira de 2008. Os resultados revelam que os mercados de capitais do Sueste Europeu, com exceção da Bulgária e da Eslovénia, não são eficientes no contexto da hipótese do mercado eficiente (EMH). Além disso, o iTraxx Europe afecta a dinâmica do mercado financeiro dos índices de acções do Sueste Europeu. A análise mostra que o Itraxx Europe é a causa direta dos retornos do mercado bolsista, com relações causais menos significativas entre os retornos do mercado bolsista e o iTraxx Europe.

A Hipótese do Mercado Eficiente e a Hipótese do Passeio Aleatório têm sido questões importantes em finanças nos últimos cinquenta anos. A Hipótese do Mercado Eficiente foi um conceito evolutivo desenvolvido a partir da dissertação de doutoramento de Eugene Fama no ano de 1960. Na prática, isto significa que os índices bolsistas são imprevisíveis. De acordo com a hipótese dos mercados eficientes (EMH), os preços de mercado reflectem plenamente toda a informação disponível: consequentemente, os preços devem ser sempre consistentes com os fundamentos. A EMH determina três níveis de eficiência de mercado: forma *fraca*, forma semi-forte e forma forte, *que* contêm diferentes níveis de informação. Se os mercados de capitais forem eficientes na forma fraca, então os investidores não podem obter lucros excessivos com diferentes estratégias de negociação baseadas em rendibilidades ou preços passados, pelo que as rendibilidades das acções não são previsíveis. *A eficiência da forma semiestruturada* existe quando os preços dos títulos reflectem toda a informação disponível ao público. Isto significa que os investidores, que baseiam todas as suas decisões na informação que se torna pública, não podem obter rendibilidades acima da média. *A eficiência da forma forte* implica que toda a informação - mesmo os segredos óbvios da empresa - é incluída nos preços dos títulos e, portanto, nenhum investidor pode obter lucros excessivos negociando com base em informação pública ou não pública. Consequentemente, os preços das acções reflectem toda a informação pública e privada e ninguém pode obter rendimentos excessivos.

Por outro lado, a ocorrência da crise financeira global e o seu reflexo nos mercados financeiros europeus levantam muitas questões e discussões sobre a sua propagação e mecanismo de funcionamento. Com a chegada da Grande Recessão, o tema dos Credit Default Swaps tornou-se cada vez mais popular. O desenvolvimento da crise provocou um aumento significativo dos valores do mercado de swaps de risco de incumprimento de crédito, em resultado do que foi mencionado anteriormente, um grande número de economistas, investidores e políticos tentam revelar qual o mercado que incorpora mais rapidamente a informação relacionada com o risco de crédito. A crise financeira colocou a relação entre o risco de crédito e os mercados bolsistas no centro das atenções, o que levou os investidores e os decisores políticos a procurarem instrumentos financeiros para gerir o risco de crédito crescente. Para esse efeito, examinam: a relação entre o mercado de swaps de risco de incumprimento de crédito (CDS), que representam medidores do risco de falência da respectiva empresa ou sociedade, e os mercados de capitais, que são um reflexo da prosperidade do respetivo país. Tentaremos responder às seguintes questões:

1. Qual é a eficiência efectiva dos mercados de capitais?

2. O índice iTraxx Europe pode ser utilizado para prever a dinâmica e os movimentos dos índices de acções?

Consequentemente, este estudo centra-se na eficiência do mercado e nas ligações entre a dinâmica do iTraxx Europe e os retornos do mercado bolsista de cinco mercados de capitais do Sudeste Europeu (SEE). A contribuição significativa deste estudo para a literatura existente é a análise da relação entre o mercado de crédito e os mercados de capitais através de uma metodologia não linear que tem em consideração o travão estrutural. Podemos dividir as bolsas de valores do Sueste Europeu em dois grupos no contexto do seu desenvolvimento, utilizando a capitalização bolsista como critério. O primeiro grupo contém os mercados emergentes - Bulgária, Roménia e Eslovénia - e o segundo - os mercados desenvolvidos - Croácia e Turquia (Quadro II e Quadro III). O intervalo de dados é de 2008 a 2015. Os índices em análise são cinco índices SEE: o SOFIX búlgaro, o BET romeno, o CROBEX croata, o SBI TOP esloveno e o BIST100 turco. Utilizamos retornos diários para examinar a eficiência do mercado e analisamos o impacto do índice iTraxx Europe no desempenho da bolsa de valores, aplicando um modelo GARCH adequado.

As condições restritivas desta pesquisa são determinadas nos seguintes aspectos: *Intervalo de tempo - esta* investigação está limitada ao intervalo de tempo entre 2008 e 2015;

Restrições metodológicas - são estabelecidas pelas propriedades estatísticas dos dados pesquisados que impõem a aplicação de testes e modelos econométricos específicos que dão oportunidade para a reflexão. A metodologia proposta e utilizada não pretende ser a única possível e aplicável na verificação e comprovação da tese de investigação deste estudo.

Restrições de local - a análise e a inspeção da tese de investigação concentram-se em mercados específicos.

Devido aos factos acima referidos, as conclusões deste estudo não abrangem os processos e as circunstâncias de outros mercados da categoria dos países do Sueste Europeu.

O artigo está organizado da seguinte forma. A primeira secção inicia-se com a introdução. A secção 2 resume a revisão da literatura sobre este tema. A secção 3 discute os dados e os métodos de investigação utilizados. A secção 4 apresenta os principais resultados da estimação. A última secção apresenta uma síntese e conclusões.

CAPÍTULO 2. REVISÃO DA LITERATURA

Um bom número de autores estuda a relação entre os mercados de capitais e os mercados de swaps de risco de incumprimento. A maioria dos estudos que analisam a dinâmica dos swaps de incumprimento observa dependências em grandes empresas separadas. No nosso estudo, utilizamos o mais transaccionado dos índices CDS, nomeadamente o índice iTraxx Europe, composto pelos 125 CDS mais líquidos referentes a créditos europeus de grau de investimento. Este índice permite aos investidores transferir o risco de crédito de uma forma mais eficiente.

Apesar do facto de o mercado de CDS estar a ganhar mais atenção, a sua relação com os mercados de capitais ainda não é clara (Longstaff et al., 2003; Forte e Pena, 2009; Norden e Weber, 2009; Flannery et. al., 2010; Bystrom, 2008). A motivação do nosso estudo é explorar os países do Sueste Europeu. Para os participantes no mercado e os decisores políticos é importante revelar como o incumprimento é incorporado pelos CDS e pelos mercados bolsistas. Se existir uma relação entre estes dois mercados financeiros, os especuladores podem fazer apostas direcionais sobre o risco de incumprimento sem considerar a exposição direta à entidade de referência específica.

Neste artigo, discutimos a relação entre o mercado do índice iTraxx de credit default swaps (CDS) e os mercados de acções. Os co-movimentos entre estes dois mercados financeiros são vitais para os arbitradores no mercado de CDS, pelo que a relação entre o mercado de Credit Default Swap e outros mercados de activos tem atraído uma atenção crescente, especialmente desde a última crise financeira de 2007-2008.

O modelo padrão de Merton (1974) e o documento posterior de Hall e Miles (1990) revelam que a probabilidade de incumprimento é uma simples função da volatilidade do preço das acções. Além disso, a teoria financeira revela que os índices de um mercado de acções eficiente devem refletir a probabilidade de incumprimento das empresas. Os índices CDS e os spreads das obrigações são considerados medidas de risco de crédito e a relação entre estes dois mercados financeiros a nível das empresas tem sido amplamente explorada por Norden e Weber (2004), Blanco et al (2005), Zhu (2006) e Forte e Pena (2009). Com base no modelo de Merton (1974), Norden e Weber (2004), Pena e Forte (2009*)* investigaram a relação entre os CDS e os índices bolsistas, concluindo que os mercados de capitais determinam o comportamento dos mercados de CDS e desempenham um papel fundamental na incorporação de novas informações.

Longstaff, Mithal e Neis (2003) investigaram o mercado de acções dos EUA e concluíram que tanto o mercado de CDS como o mercado de acções têm um papel de liderança informativa sobre o mercado de obrigações. Norden e Weber (2004) analisaram os mercados financeiros europeus e concluíram que as flutuações do spread dos CDS estão negativamente correlacionadas com a rendibilidade das acções.

Byström (2005) estudou a relação entre os preços das acções das empresas e os spreads dos CDS e encontrou provas de que a informação específica da empresa é incorporada nos preços das acções antes de ser incorporada nos spreads dos CDS. A relação entre o mercado do índice iTraxx de swaps de risco de incumprimento (CDS) e os mercados bolsistas é mais forte para os países com um diferencial de risco elevado (Coronado et al (2011)).

Mateev e Marinova (2017) investigam se existe uma relação entre os preços das acções do índice Markit iTraxx Europe e os spreads de Credit Default Swap. Aplicam uma metodologia linear e não linear. Revelam a existência de uma relação de longo prazo entre os CDS e os preços das acções das empresas europeias com grau de investimento. Depois deles, outros autores pensam que a direção da interação e o grau de correlação entre os dois mercados financeiros dependem de vários factores, tais como: tempo; alto ou baixo grau de risco de crédito de um governo ou de uma empresa (Fung et al. (2008), Coudert e Gex (2010)). A autora revela a mudança no papel dominante dos mercados financeiros durante diferentes períodos de tempo. É tido em consideração o facto de os CDS serem um fator determinante em economias com elevado risco de falência. De acordo com Mateev e Marinova (2017), a bolsa de valores é um mercado mais desenvolvido e líquido do que o mercado de CDS.

Como passo final, estudamos a relação entre os diferentes CDS europeus após e durante a crise. Diversos estudos (e.g., Fontana e Scheicher, (2010), Dieckmann e Plank, Ang e Longstaff (2011) ou Gündüz e Kaya (2012)) têm demonstrado que existe um elevado nível de sincronia nos movimentos dos spreads de crédito devido ao risco sistémico. De igual modo, Bystrom (2005) analisa a associação entre o desempenho de um índice CDS iTraxx e os retornos do mercado bolsista durante o período 2004-2005 e conclui que os retornos do mercado bolsista Granger causam alterações no spread dos CDS, mas o inverso não ocorre. Com base neste facto, sugerimos a existência de uma relação entre o iTraxx e os índices bolsistas de pares de países europeus.

O impacto da informação e a investigação do mecanismo de transmissão do risco de crédito em diferentes mercados e ao longo de períodos de tempo distintos é um fator que nos ajudará a compreender a eficiência relativa dos mercados - desenvolvidos e em desenvolvimento - bem como a forma como o seu funcionamento pode ser alterado em função das condições de mercado em mudança (Avino (2011)). Em apoio das afirmações de Avino, Baciu (Baciu, O.A. (2014)) examina os desvios da eficiência em 20 mercados bolsistas europeus durante um período de 15 anos. Os resultados indicam que os mercados desenvolvidos estão mais próximos da eficiência do que os mercados em desenvolvimento.

Marsh e Wagner (2012) explicam que se considera que os mercados são eficientes do ponto de vista informativo se as novas informações forem cotadas simultaneamente em diferentes mercados. Assim, o facto de a nova informação ser avaliada mais rapidamente num mercado do que noutro sugere ineficiências de mercado.

Começamos a nossa análise empírica com o teste da eficiência dos mercados de capitais da Europa de Leste. Vários estudos provam a existência de uma forma fraca de ineficiência de mercado nestes mercados. Ao estudar o impacto da crise financeira de 2008 na eficiência dos mercados de capitais dos países da Europa Central e Oriental (PECO), Tsenkov (2015) encontra diferenças na reação do mercado de dois dos mercados estudados em comparação com os restantes mercados da PECO. Os índices búlgaro e romeno mostram uma tendência para uma reação mais rápida e mais sensível aos impulsos negativos do mercado, típicos do período de crise, em contraste com uma incorporação moderada dos impulsos positivos do mercado específicos do período pré-crise. A incorporação da informação de mercado pelo SOFIX búlgaro durante o período de crise é tão acelerada que, quando se torna publicamente disponível, grande parte do conteúdo já está incluído nos valores do SOFIX sob a forma de uma tendência de mercado fortemente seguida. Este tipo de reação é oposto ao comportamento de outros índices da CEE que seguem tendências de mercado mais sustentáveis durante o período pré-crise e dão uma importância muito menor à nova informação de mercado. Este comportamento do mercado altera-se durante o período de crise, mostrando uma reação reforçada apenas às flutuações de curto prazo do mercado. Durante o período pós-crise, os índices búlgaro e romeno estão a mostrar predisposição para as tendências de mercado de curto prazo. Esta situação é oposta à dos outros índices dos PECO, que tendem a formar e a seguir tendências de mercado a mais longo prazo. (Tsenkov, V. (2015)).

7

Aga e Kocaman (2011) testam a forma fraca de eficiência para o índice de retorno-20 na Bolsa de Valores de Istambul (ISE) para o período 1986-2005. Concluem que existe uma forma fraca de eficiência no ISE, o que significa que o mercado é fracamente eficiente se o momento atual não puder ser explicado com os valores passados. Ao investigar as anomalias de calendário em cinco mercados bolsistas do Sueste Europeu (Bulgária, Croácia, Grécia, Roménia e Turquia) durante o período de 2000-2008, Georgantopoulos, Kenourgios e Tsamis (2011) encontraram provas da existência de três efeitos de calendário (dia da semana, viragem do mês, altura do mês) nas equações da média e da volatilidade para a Grécia e a Turquia, o que é coerente com as conclusões de estudos anteriores. Por outro lado, os efeitos para os três mercados emergentes do Sudoeste Europeu são limitados e existem apenas na volatilidade.

Samitas, Kenourgios e Paltalidis (2011) estudam as relações a longo prazo entre cinco mercados bolsistas emergentes dos Balcãs (Turquia, Roménia, Bulgária, Croácia e Sérvia), os EUA e três mercados europeus desenvolvidos (Reino Unido, Alemanha e Grécia) durante o período de 2000-2006. Os resultados indicam que tanto os factores internos como externos afectam os mercados de acções dos Balcãs, moldando o seu equilíbrio a longo prazo. De um modo geral, mostram provas a favor de relações significativas a longo prazo entre os mercados emergentes dos Balcãs na região e a nível mundial.

Armeanu e Cioaca (2014) testam a HME no caso da Roménia para o período de 01.01.2002 a 15.05.2014, utilizando quatro métodos, incluindo o modelo GARCH. Concluem que o mercado de capitais romeno não é eficiente em termos de forma fraca. Dragota e Oprea (2014) investigam a eficiência informativa do mercado de acções romeno e concluem que a previsibilidade dos retornos sugere que o mercado de acções romeno tem um baixo nível de eficiência. Além disso, o impacto de novas informações é mais intenso antes e depois da sua divulgação. Dragota e Mitrică (2004), Stanculescu e Mitrică (2012) provam que o mercado de capitais romeno não cumpre todos os requisitos de um mercado eficiente de forma fraca.

Pele e Voineagu (2008) concluem que não podem rejeitar a hipótese de mercado eficiente para o mercado de capitais romeno. Adicionalmente, Dragotă, Stoian şi Peleet al. (2009) utilizam o teste do rácio de variância múltipla, concluindo que a hipótese de eficiência de forma fraca não pode ser totalmente rejeitada para o mercado de acções romeno.

Os estudos de Syriopoulos e Roumpis (2009) mostram que os mercados bolsistas dos Balcãs apresentam correlações variáveis no tempo como um grupo de pares, embora as correlações com os mercados maduros permaneçam relativamente modestas.

BÜYÜKŞALVARCI e ABDİOĞLU (2011) examinam a hipótese do passeio aleatório para determinar a validade da eficiência de forma fraca para a Bolsa de Valores de Istambul (ISE) na Turquia. Provam que o mercado bolsista turco é fracamente eficiente. Kapusuzoglu (2013) testa se a eficiência de mercado de forma fraca existe ou não sob a hipótese de mercado eficiente para a Bolsa de Valores de Istambul (ISE). Os resultados sugerem que o mercado de capitais turco não é um mercado eficiente na forma fraca.

Dorina e Simina (2007) testam a eficiência do mercado de forma fraca de oito mercados emergentes: Roménia, Hungria, República Checa, Lituânia, Polónia, Eslováquia, Eslovénia e Turquia. Os autores concluem que a maioria destes mercados acionistas emergentes não são eficientes na forma fraca. Sonjeet al. (2011) concluem que os mercados da Croácia e dos EUA são ineficientes no período 2002-2010, principalmente devido ao impacto da crise de 2008-2009.

Gradojevic e Dobardzic (2012) utilizam a abordagem do domínio da frequência para examinar a relação causal entre os retornos dos principais índices da Croácia, Eslovénia, Hungria e Alemanha e o retorno do principal índice sérvio. Os resultados revelam que existe um efeito predominante dos índices croata e esloveno no índice da bolsa de valores sérvia numa série de frequências. Aplicando modelos GARCH, Horvath e Petrovski (2013) examinam os co-movimentos do mercado bolsista entre a Europa Ocidental e Central (República Checa, Hungria e Polónia), por um lado, e a Europa do Sudeste (Croácia, Macedónia e Sérvia), por outro, no período 2006-2011. Os resultados mostram que o grau de co-movimentos é muito mais elevado na Europa Central do que na Europa do Sudeste.

Quadro 1. Resumo da revisão da literatura

Estudos sobre a eficiência do mercado e os co-movimentos dos mercados de capitais do Sueste Europeu				
Autores	**Mercados explorados**	**Período de amostragem**	**Testes utilizados**	**Resultados**
Ayhan Kapusuzoglu (2013)	Turquia	1996 -2012	testes de raiz unitária	O mercado do ISE National 100 não é um mercado eficiente de forma fraca.
Ahmet BÜYÜKŞALV ARCI1 e Hasan ABDİOĞLU (2011)	Turquia	1987 - 2011	Teste de raiz unitária de Dickey-Fuller aumentado, teste de autocorrelação serial, teste do rácio	A bolsa turca é fraca - forma ineficiente. É provável que isto seja uma prova de que o investidor prudente que negoceia no mercado bolsista turco conseguirá

			de variância, teste de raiz unitária de Phillips-Peron, teste de execução	rendibilidades anormais utilizando dados históricos de preços de acções.
Lazăr Dorina e Ureche Simina (2007)	Roménia, Hungria, República Checa, Lituânia, Polónia, Eslováquia, Eslovénia e Turquia.	1995-2007	Teste de Ljung-Box Correlação serial Teste LM Teste *BDS Teste de execução*	São encontradas evidências da presença de dependências lineares e não lineares para a maioria das séries de retornos. A maioria destes mercados acionistas emergentes não são eficientes em termos de forma fraca.
Sonje, V., Alajbeg D. e Babus Z., (2011)	Croácia EUA	1950 - 2010	Teste de autocorrelação	A observação de dados mensais no período pré-crise sugere eficiência do mercado nos EUA e (surpreendentemente) também na Croácia. Os dados diários indicam um elevado grau de eficiência do mercado de acções dos EUA antes da crise, mas é impossível concluir com um nível de confiança satisfatório que o mercado croata era ineficiente nesse período.
Dragotă e Mitrică (2004)	Roménia	1998-2000	Testes de correlação serial, testes de estacionariedade, provas de distribuição normal, regras de filtragem	O mercado de capitais romeno não preenche as condições necessárias para a forma fraca de eficiência informativa.
Stănculescu e Mitrică (2012)	Roménia		testes de raiz unitária	O mercado de capitais romeno não se caracteriza pela forma fraca de eficiência informativa. Teoricamente, podem ser obtidos ganhos excessivos através de transacções baseadas no estudo de preços históricos.
Pelé e Voineagu (2008)	Roménia	1997-2007	Teste de raiz unitária função de autocorrelação (ACF) e função de autocorrelação parcial (PACF) Modelo ARMA(1,1)	O modelo foi testado para o mercado de capitais romeno, utilizando os retornos diários do índice BET, e a conclusão foi que não podemos rejeitar a hipótese de eficiência do mercado no sentido fraco.
Dragotă, Stoian şi Pele et al. (2009)	Roménia	2000-2008	Teste de Cowles-Jones - rácio de sequências e inversões Testes de execução Teste do rácio de variância múltipla (MVR)	Verificou-se que, para a maioria dos preços das acções, a hipótese do passeio aleatório não pode ser rejeitada. Consequentemente, os retornos não são previsíveis utilizando as séries de retornos históricos. Com base nestes resultados, não existem razões suficientes para rejeitar a Hipótese do Mercado Eficiente na sua forma fraca.
Vladimir Tsenkov	Bulgária, República	2005-2012	Teste de correlação	O índice romeno está a mostrar uma

(2015)	Checa, Hungria, Roménia, Rússia, EUA e Alemanha,		EGARCH	reação hesitante à influência determinística do DJIA e do DAX. No caso do índice búlgaro, quando há uma influência externa significativa, esta é sempre exercida pelo DJIA. No que diz respeito à reação aos impulsos do mercado e à eficiência da informação, os índices búlgaro e romeno distinguem-se claramente dos outros índices da Europa Central e Oriental estudados. Mostraram uma tendência para uma reação mais rápida e mais sensível aos impulsos negativos do mercado, típica do período de crise, em contraste com uma incorporação moderada dos impulsos positivos do mercado específicos do período pré-crise.
Syriopoulos, T., Roumpis, E. (2009)	Bulgária, Croácia, Chipre, Roménia, Turquia, EUA e Alemanha	1998-2007	Modelos GARCH multivariados Correlações condicionais dinâmicas constantes	Verifica-se que os mercados bolsistas dos Balcãs apresentam correlações variáveis no tempo enquanto grupo de pares, embora as correlações com os mercados maduros permaneçam relativamente modestas. Em conjunto com a análise de sensibilidade da matriz assimétrica de variância-covariância, o activeportfolio a diversificação para os mercados de acções dos Balcãs indica que pode melhorar a relação risco-rendimento dos investidores
Aga e Kocaman (2011)	Turquia	1986-2005	Modelo de regressão	O resultado obtido da análise das séries temporais mostra que os retornos podem ser explicados apenas pelo termo constante, que é a média, e que existe uma forma fraca de eficiência no ISE, o que significa que o mercado é fracamente eficiente se o tempo atual não puder ser explicado com os valores passados.
Andreas G. Georgantopoulos, Dimitris F. Kenourgios e Anastasios D. Tsamis (2011)	Roménia, Bulgária, Croácia, Grécia e Turquia	2000-2008	modelo GARCH	De um modo geral, parece que os mercados maiores e mais maduros da região continuam a apresentar ineficiências de mercado, não seguindo a tendência geral para o seu desaparecimento nos mercados desenvolvidos.
Samitas, A., Kenourgios, D., Paltalidis, N. (2011)	Turquia, Roménia, Bulgária, Croácia, Sérvia, Reino Unido, Alemanha, Grécia e Estados Unidos	2000-2006	Teste de raiz unitária ADF Testes de cointegração convencionais Modelos de	A presença de relações de cointegração sugere que os mercados emergentes dos Balcãs estão cada vez mais integrados nos mercados mundiais. Isto implica que os benefícios da diversificação para

			mudança de regime Simulação de Monte Carlo	os investidores internacionais com uma estratégia de horizonte longo nos mercados de acções dos Balcãs são bastante limitados. Os investidores que diversificam as suas carteiras nos mercados de acções dos Balcãs devem esperar ganhos de carteira modestos a curto prazo, dado o comportamento volátil dos rendimentos das carteiras face aos choques do mercado. A relação de cointegração entre os mercados de acções dos Balcãs e os mercados desenvolvidos tem um impacto significativo nas políticas macroeconómicas nacionais prosseguidas, uma vez que os mercados emergentes se tornam menos imunes às perturbações externas.
Armeanu e Cioaca (2014)	Roménia	2002-2014	teste da raiz unitária, teste Jarque-Bera, teste do rácio de variância múltipla modelo GARCH	Utilizando estes testes, concluem que o mercado de capitais romeno não é eficiente em termos de forma fraca. Consequentemente, descobrem estratégias de investimento que podem ser utilizadas para vencer o mercado. No entanto, estes resultados devem ser analisados tendo em conta as caraterísticas do mercado de capitais romeno, principalmente a falta de liquidez e de profundidade do mercado, bem como o pequeno número de empresas cotadas atractivas, que podem dissipar as vantagens decorrentes da identificação de algumas estratégias de investimento.
Dragotă e Oprea (2014)	Roménia	1987-2014	Testes de previsibilidade	O presente documento apresenta uma análise dos resultados empíricos obtidos na investigação da eficiência do mercado bolsista romeno, a maioria dos quais se baseia em testes de previsibilidade das rendibilidades das acções e em estudos de eventos. Estes estudos sugerem que o mercado bolsista romeno tem um baixo nível de eficiência. Além disso, este nível é variável no tempo. Os resultados relativos à HME para o mercado de acções romeno são mistos. Tal pode ser o efeito de diferentes metodologias ou de diferentes períodos de análise. No entanto, é possível constatar uma melhoria do nível de eficiência, ainda que tendencial.

Gradojevic e Dobardzic (2012)	Sérvia, Croácia, Hungria, Eslovénia, Alemanha.	2005-2009	Teste de raiz unitária ADF Teste de raiz unitária Phillips-Perron Testes de causalidade	O índice BELEX 15 é ocasionalmente impulsionado por outros mercados, com exceção do índice SBITOP. O impacto do índice SBITOP no índice BELEX 15 é ligeiramente mais dominante em relação ao impacto do índice BELEX 15 no índice SBITOP.
Roman Horvath e Dragan Petrovski(2013)	República Checa, Hungria Polónia Croácia, Macedónia Sérvia	2006-2011	Modelos GARCH multivariados	A correlação condicional entre os mercados bolsistas da Europa do Sudeste e da Europa Ocidental é muito inferior. No caso da Sérvia e da Macedónia, a correlação é, em média, zero para toda a amostra. A Croácia apresenta uma correlação nula no início da nossa amostra, aumentando a correlação para valores tão elevados como os da Europa Central antes do início da crise financeira mundial e caindo posteriormente para valores mais baixos, mas ainda positivos.

Estudos sobre as ligações entre os CDS e a rendibilidade das acções

Marshand Wagner (2012)	EUA	2004-2008	Modelo de auto-regressão vetorial (VAR)	O desfasamento dos CDS deve-se a notícias comuns (e não específicas das empresas) e surge predominantemente em resposta a notícias positivas (em vez de negativas) do mercado acionista. Apresentamos uma explicação para esta descoberta de preços específica das notícias, baseada no facto de os corretores do mercado de CDS explorarem a sua vantagem informativa face aos investidores institucionais com necessidades de cobertura.
Merton (1974)	Este modelo é designado por modelo de abordagem estrutural e é considerado fundamental para a determinação do risco de crédito. Esta é uma das teorias de base do presente estudo. Este modelo considera os passivos de uma empresa (capital próprio e dívida) como créditos contingentes emitidos contra os activos subjacentes da empresa. Ao retirar os valores dos activos e as volatilidades dos preços das acções cotadas e da informação do balanço, o modelo de Merton (1974) produz actualizações instantâneas da probabilidade de incumprimento de uma empresa. A probabilidade de incumprimento no modelo de Merton (1974) é uma função não linear do preço das acções da empresa, da volatilidade do preço das acções e do rácio de alavancagem. O evento de crédito deve estar ligado à avaliação do mercado de acções, bem como à volatilidade do retorno das acções da entidade de referência, pelo que é natural investigar empiricamente a ligação entre o mercado de acções e o mercado de CDS.			
Hall e Miles (1990)	Trata-se de um estudo baseado na abordagem estrutural de Merton. De acordo com o seu enquadramento, a probabilidade de incumprimento é uma função simples da volatilidade do preço das acções			
Blanco et al (2005)	Dados diários sobre CDS; taxas de rendibilidade das obrigações e taxa sem	2001-2002	Modelo Vetorial de Correção de Erros (VECM)	Os CDS lideram os mercados obrigacionistas na incorporação de informação

	risco de uma amostra internacional de 33 empresas norte-americanas e europeias			
Norden e Weber (2004)	Uma amostra internacional de 33 empresas americanas e europeias; dados semanais e diários sobre CDS; mercado de acções e de obrigações de empresas	2000-2002	Modelo Autoregressivo Vetorial (VAR);	É revelado que os retornos das acções lideram as alterações nos spreads dos CDS e das obrigações. As variações do spread dos CDS são a causa direta dos spreads das obrigações.
Zhu (2006)	Uma amostra internacional de 17 empresas não financeiras	2001-2003	Modelo Vetorial de Correção de Erros; Teste de Causalidade de Granger	O spread dos CDS e o spread das obrigações evoluem em sincronia numa relação de longo prazo. Numa relação de curto prazo, os CDS lideram o mercado obrigacionista no ajustamento dos preços. Tal pode dever-se a respostas diferentes às alterações das condições de crédito.
Forte e Pena (2009)	Dados diários sobre o mercado bolsista implícito spreads de crédito, spreads de CDS e spreads de obrigações de uma amostra internacional de 17 empresas não .	2001- 2003	Modelo Vetorial de Correção de Erros	Os mercados de acções lideram os mercados de CDS e os mercados de obrigações na incorporação de informação com mais frequência do que o inverso. Este estudo confirma o papel preponderante dos CDS em comparação com o das obrigações.
Longstaff, Mithal e Neis (2003)	Dados semanais de 67 empresas norte-americanas	2001- 2002	Modelo Autoregressivo Vetorial (VAR)	O mercado financeiro de derivados de crédito e o mercado de acções tendem a liderar o mercado de obrigações de empresas. Não se revela uma influência determinística do mercado de CDS para o mercado de capitais e vice-versa.
Byström (2005)	Utiliza sete índices sectoriais europeus iTraxx CDS e a carteira de acções subjacente		Correlação de classificação e análise de regressão OLS	Verifica-se que as acções incorporam a informação específica da empresa mais rapidamente do que os CDS.
Coronado et al (2011)	Dados diários de oito países europeus sobre os spreads de CDS soberanos e os índices específicos do mercado de capitais	2007- 2010	Abordagem de dados em painel; Modelo Autoregressivo Vetorial (VAR)	É revelado um papel de liderança diferente na relação entre o mercado de CDS e a dinâmica do mercado de acções. Os mercados bolsistas registam um papel de liderança durante o período de tempo explorado, mas após 2010 o mercado de CDS assume o papel de liderança na incorporação de informação em comparação com o mercado bolsista. A relação acima referida é mais forte para os países com um diferencial de risco elevado.

Fung et al. (2008)	Preços diários das acções (S&P500) e o índice CDX de grau de investimento e o índice CDX de elevado rendimento	2001- 2007	Modelo Vetorial Autoregressivo (VAR); Teste de Causalidade de Granger	Ficou provado que a relação entre o mercado de CDS e o mercado de acções depende da qualidade de crédito da empresa explorada. Prova-se que o mercado de CDS de alto rendimento está mais estreitamente relacionado com o mercado de acções do que o mercado de CDS de grau de investimento.
Coudert e Gex (2010)	Spreads diários de CDS e de obrigações de 18 governos e 17 empresas financeiras durante a crise financeira e a crise da dívida soberana	2006-2010	Análise de regressão	Exploram a incorporação de informação empresarial e soberana. É revelado que, para as empresas, o CDS é o que lidera o mercado obrigacionista. Após a influência da crise financeira, a mesma relação é confirmada para os soberanos. Os spreads dos CDS determinam os mercados obrigacionistas.
Corzo et al (2012)	Dados diários dos spreads de CDS soberanos, spreads de obrigações e índices de acções de 13 países europeus	2008- 2011	Modelo Autoregressivo Vetorial (VAR);	Mais uma vez se revela uma relação de mudança, ou seja, durante o 20082009 a dinâmica do mercado de capitais leva à incorporação de novos fluxos de informação sobre o mercado de CDS. A partir de 2010, o mercado de CDS soberanos passa a ter um papel determinístico, ou seja, desempenham um papel significativo sobre os países com maior risco percebido.
Fontana e Scheicher (2010)	Dados semanais sobre CDS e diferenciais das obrigações de dez países da área do euro	2006- 2010	Modelo Vetorial de Correção de Erros; Teste de Causalidade de Granger	Não revela uma relação significativa entre os mercados explorados durante o período anterior a setembro de 2008. Após setembro de 2008, durante a primeira metade do período explorado, o mercado de CDS lidera o mercado obrigacionista no processo de descoberta de preços. Durante a segunda metade do período explorado, o mercado obrigacionista lidera o mercado de CDS.
Dieckmann e Plank (2010)	República Checa, Dinamarca, Finlândia, França, Alemanha, Grécia, Hungria, Irlanda, Israel, Itália, Países Baixos, Portugal, Eslovénia, Espanha, Suécia e Reino Unido.	2007-2009	Análise de Componentes Principais; Modelo de Regressão em Painel	Os autores documentam que o estado do sistema financeiro mundial e, desde o início da crise, também o estado do sistema financeiro nacional de um país, têm um forte poder explicativo para o comportamento dos spreads dos CDS. É importante saber se um país é membro da União Económica e Monetária da União Europeia (UEM). Para os países da UEM, a sua sensibilidade à saúde do sistema financeiro é mais elevada do que para os não membros da UEM

Ang e Longstaff (2011)	Spreads semanais de CDS a meio do mercado para a estrutura temporal dos contratos de CDS a um, dois, três, quatro e cinco anos sobre o Tesouro dos EUA e dez estados. Estes estados são a Califórnia, Florida, Illinois, Massachusetts, Michigan, Nevada, Nova Jersey, Nova Iorque, Ohio e Texas.	2008-2011	Explorar um quadro afim multifatorial	Concluem que existe uma heterogeneidade considerável entre os emitentes americanos e europeus no que respeita à sua sensibilidade ao risco sistémico. Os choques sistémicos dos EUA e do euro estão altamente correlacionados, mas o risco sistémico é muito menor entre os soberanos dos EUA do que entre os soberanos europeus. Está também provado que o risco soberano sistémico dos EUA e da Europa está fortemente relacionado com as variáveis do mercado financeiro.
Gündüz e Kaya (2012)	Grécia, Portugal, Irlanda, Itália, Espanha e Bélgica	2004- 2011	AFRIMA FIGARCH Teste de Granger Controlo de robustez	Revela que não há indícios de memória longa para as variações do diferencial, o que indica que o processo de descoberta de preços funciona de forma eficiente nos mercados de CDS soberanos, mesmo durante a crise. Em contraste, tanto os métodos semi-paramétricos como o modelo paramétrico implicam um comportamento persistente na volatilidade das variações para a Grécia, Portugal, Irlanda, Itália, Espanha e Bélgica, o que demonstra que, em termos causais, as economias menos estáveis da área do euro têm um elevado grau de risco soberano.
Avino et al (2011)	Observações diárias de cotações médias de CDS, taxas de rendibilidade das obrigações, preços das acções e volatilidades implícitas das opções para uma amostra de 12 empresas europeias não financeiras	2006- 2009	Modelo VECM GARCH	Concluem que, durante os períodos de elevada volatilidade, a descoberta de preços ocorre principalmente no mercado de opções, enquanto o mercado de acções lidera os outros mercados durante os períodos de tranquilidade. Ao adicionar efeitos GARCH à especificação VECM, encontram também fortes indícios de repercussões da volatilidade do mercado de opções para os outros mercados em períodos de crise
Baciu, O.A. (2014)	Áustria Bélgica Reino Unido Suécia Alemanha França Suíça Itália Bulgária República Checa Grécia Eslováquia Turquia Hungria Roménia Finlândia Polónia	1999-2013	Dimensão fractal; expoente de Hurst; estimador de Hall-Wood; estimador de Genton	Os mercados desenvolvidos estão mais próximos da eficiência do que os mercados em desenvolvimento. Os seus resultados mostram que os mercados desenvolvidos estão mais próximos da eficiência do que os mercados emergentes. Todos os índices apresentam uma dependência de longo prazo, com exceção do índice CAC de França entre 2007 e 2008. Os mercados

| | Noruega | | | têm um comportamento persistente. Olhando para a dimensão fractal, nem todos os mercados apresentam desvios das tendências de curto prazo. Dependendo do período de tempo considerado, mercados como o Reino Unido, a Suécia ou a Suíça registam desvios nulos. Os mercados bolsistas europeus mais eficientes são os mercados do Reino Unido, Suécia, Suíça ou França, enquanto os menos eficientes são os mercados da Bulgária, República Checa, Grécia ou Eslováquia. |
| Mateev, M., Marinova, E. (2017) | Markit iTraxx Europe; spreads de CDS a 5 anos; as empresas estudadas são do Reino Unido (26 empresas); França (25 empresas); Alemanha (19 empresas); Países Baixos (11 empresas) | 2012-2016 | Modelo Vetorial Autoregressivo (VAR); Teste de cointegração de Johansen; Teste TVAR LR; Modelo Vetorial de Correção de Erros de Treshold (TVECM) | A existência de uma relação de longo prazo entre os CDS e os preços das acções das empresas europeias com qualidade de investimento é uma indicação de uma possível transmissão de choques entre os dois segmentos dos mercados financeiros - mercado de crédito e bolsa de valores. |

Fonte: Sistematização dos autores

CAPÍTULO 3. METODOLOGIA E DADOS

a. Dados financeiros

Neste artigo, analisamos a eficiência do mercado e a relação entre o mercado do índice iTraxx credit defaultswaps (CDS) e cinco mercados bolsistas do Sudeste Europeu (SEE) - Bulgária, Croácia, Eslovénia, Turquia e Roménia. Tentamos revelar alguns indícios iniciais de uma ligação entre o mercado do índice iTraxx credit default swap e os mercados bolsistas. Esta relação é importante não só para os gestores de risco que utilizam a dinâmica dos CDS como instrumento de cobertura, mas também para os que pretendem obter lucros com as possibilidades de arbitragem no mercado de CDS. Podemos dividir as bolsas de valores do SEE em dois grupos no contexto do seu desenvolvimento, utilizando como critério a capitalização bolsista. O primeiro grupo contém os mercados emergentes - Bulgária, Roménia e Eslovénia e o segundo - os mercados desenvolvidos - Croácia e Turquia (Quadro II e Quadro III). Os preços de fecho diários de onze índices de mercado do Sueste Europeu estavam disponíveis nos sítios Web das Bolsas de Valores dos países investigados. O intervalo de dados é de 2008 a 2015. Devemos dividir a análise em duas partes distintas - na primeira, examinaremos se os mercados de capitais se caracterizam pela eficiência do mercado no contexto da hipótese do mercado eficiente (EMH) e, na segunda, se o índice iTraxx Europe está relacionado com a dinâmica dos capitais financeiros, respetivamente. O índice Markit iTraxx Europe é composto na sua totalidade por 125 empresas com grau de investimento. A nossa atenção centra-se no segmento de CDS mais líquido - CDS com maturidade de 5 anos. Os índices CDS foram também introduzidos como instrumentos que permitem aos investidores comprar e vender, de forma rápida e fácil, o risco de crédito de todo o mercado ou setorial. Em 21 de junho de 2004, os dois principais índices de CDS, iBoxx e Trac-x, foram fundidos no Dow Jones iTraxxindex que, desde então, estabeleceu um novo padrão em termos de liquidez, transparência e diversificação. Grandes exposições (negativas ou positivas) a um conjunto diversificado de riscos de crédito são agora muito mais fáceis de obter e a liquidez do mercado iTraxx atraiu novos participantes, como os fundos de cobertura e os arbitradores de estruturas de capital (ISDA, 2014). A família de índices iTraxx consiste em vários índices dos contratos CDS mais líquidos na Europa e na Ásia. Na Europa, é utilizado como índice de referência um índice denominado iTraxx Europe, composto por 125 nomes europeus igualmente ponderados, selecionados por uma sondagem de corretores com base no volume de CDS negociados nos seis meses anteriores. As transacções do índice de crédito podem ser consideradas como uma medida da inclinação da estrutura temporal do spread de crédito, uma vez que foram negociados vencimentos a 5 e 10 anos.

Ambas as partes da análise serão efectuadas através dos retornos diários (r_t) formulados abaixo, utilizando os preços de fecho diários das bolsas de valores dos países:

$$r_t = \log(P_t/P_{t-1}) \quad (1)$$

Onde P_t e P_{t-1} são o valor de fecho do índice de mercado no dia atual e no dia anterior, respetivamente. (Tabela I).

Quadro I. Bolsas de valores analisadas, índices e número de observações

País	Bolsa de valores	Índice	Período em análise	Número de observações
Bulgária	Bolsa de Valores da Bulgária	SOFIX	25.02.2009 - 04.11.2015	1653
Roménia	Bolsa de Valores de Bucareste	BET	26.02.2009 - 04.11.2015	1684
Croácia	Bolsa de Valores de Zagreb	CROBEX	10.03.2009 - 04.11.2015	1663
Eslovénia	Bolsa de Valores de Ljubljana	SBITOP	24.12.2008 - 04.11.2015	1718
Turquia	Borsa Istambul	BIST100	21.11.2008 - 04.11.2015	1746

Fonte: Cálculos dos autores.

Gráfico 1: Rendimento dinâmico e das acções dos índices dos mercados de capitais e do iTraxx Europe:

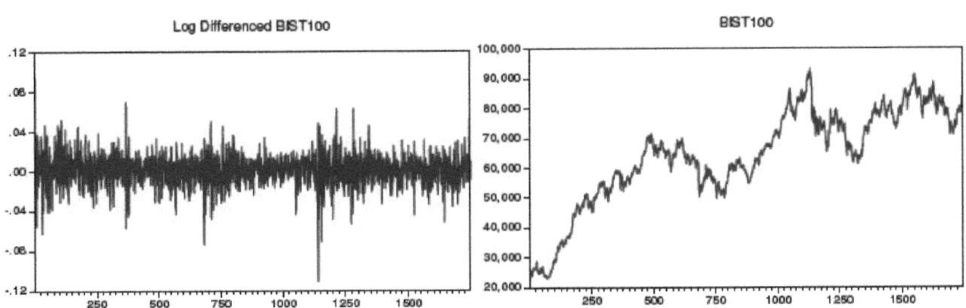

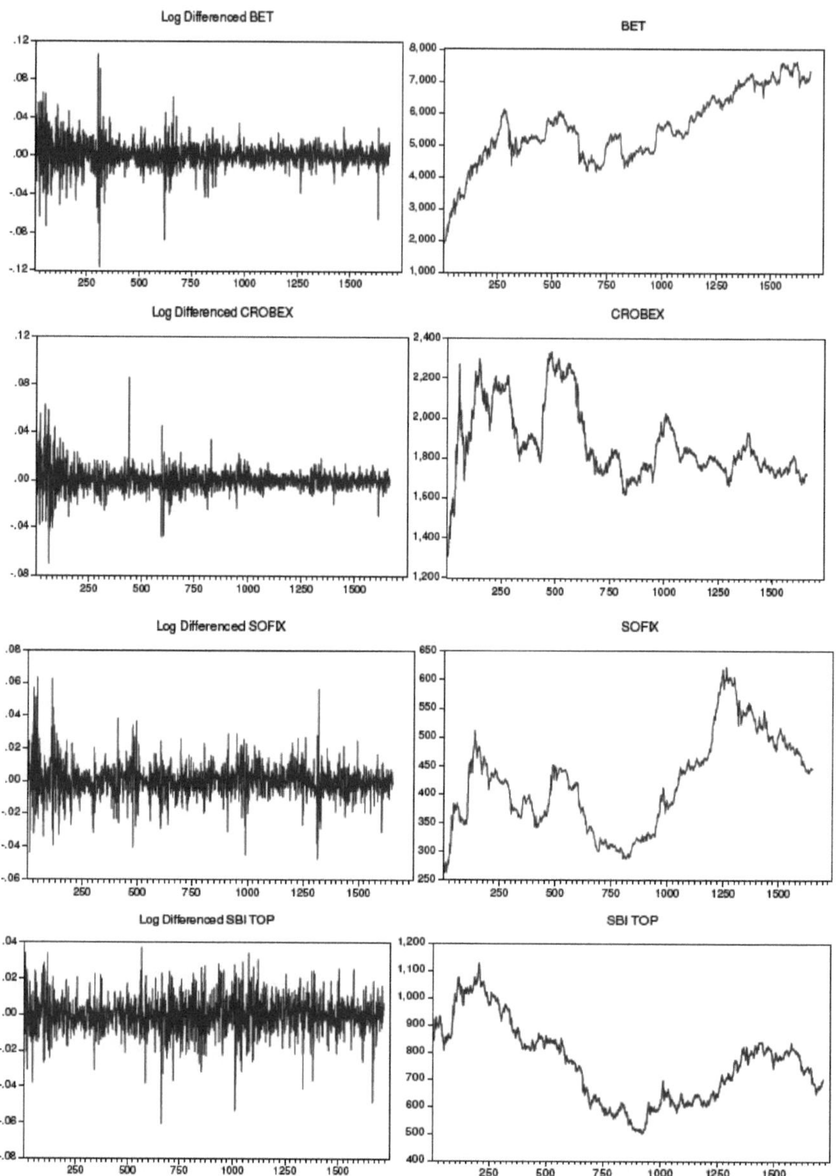

Log Differenced BET
BET
Log Differenced CROBEX
CROBEX
Log Differenced SOFIX
SOFIX
Log Differenced SBI TOP
SBI TOP

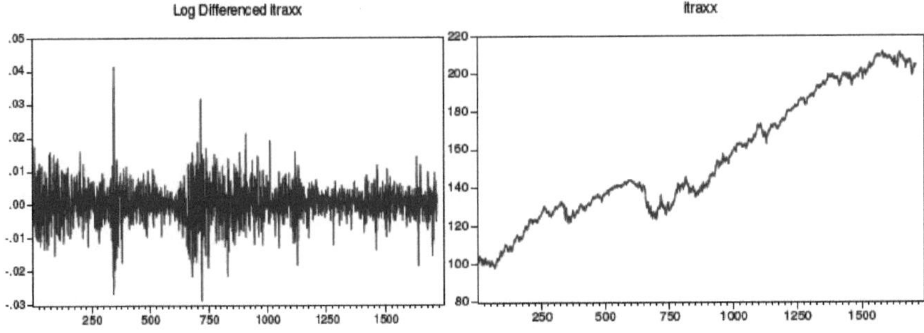

Fonte: Cálculo dos autores

Em primeiro lugar, devemos registar que existe sincronia entre os mercados de capitais dos seguintes países: Bulgária, Roménia e Turquia e o iTraxx Europe. Podemos supor que tal se deve a choques e factores económicos externos comuns que afectam os mercados explorados. Estas tendências de mercado comuns durante o período pós-crise indicam a existência de uma relação entre os mercados de capitais e o mercado iTraxx Europe. Esta é uma das razões para explorar a relação entre eles.

Por outro lado, no início do período pós-crise, o iTraxx Europe regista uma subida acentuada. Durante o mesmo período, os seguintes índices de acções registam um declínio nos seus valores: SBI TOP e CROBEX. De acordo com a sua dinâmica, expressa nos números, podemos sugerir que existe um co-movimento negativo entre o índice CDS e os preços das acções. Pode supor-se que as más notícias sobre uma ação têm um impacto negativo nos preços. Como resultado, o spread de crédito e o valor do índice CDS deverão aumentar. Este facto será considerado como uma maior probabilidade de um acontecimento de crédito. A influência pode ser ainda mais forte se a empresa estiver em situação de incumprimento. Para confirmar a análise da dinâmica e da relação entre os mercados explorados, aplicámos a análise de correlação e a metodologia GARCH.

Quadro II. Capitalização bolsista dos mercados de capitais do Sueste Europeu em 2011

Mercados de capitais do SEE	Capitalização de mercado (US$)
País	**2011 (mil milhões)**
Bulgária	8.253,25 US$
Croácia	22.558,38 US$
Roménia	14.023,92 US$
Eslovénia	6.325,86 US$
Turquia	197.074,46 US$

A capitalização bolsista total de cada mercado de capitais refere-se a 2011 (aproximadamente a meio do período analisado 2008-2015).

Fonte: Os sítios Web das bolsas de valores do SEE.

Quadro III. Mercados de capitais em desenvolvimento e desenvolvidos (de acordo com a capitalização bolsista)

Desenvolver os mercados de capitais do Sueste Europeu	Mercados de capitais desenvolvidos do Sueste Europeu
Bulgária	**Turquia**
Eslovénia	**Croácia**
Roménia	

Fonte: Cálculos dos autores.

Tabela IV. O modelo GARCH adequado dos modelos da família GARCH para cada índice, aplicado para examinar a eficiência do mercado

Índices	O modelo GARCH adequado
SOFIX	*GARCH(1,1)-t*
BET	*GARCH(1,2)-t*
SBI TOP	*GARCH(1,1)-t*
BIST100	*GARCH(1,1)-t*
CROBEX	*GARCH(1,1)-t*

Fonte: Cálculos dos autores.

3.2 Modelo GARCH

Ao analisar os mercados de capitais do Sueste Europeu, utilizamos o modelo GARCH para testar a eficiência do mercado. Por outro lado, utilizamos este modelo para examinar o impacto do índice ofiTraxx Europe na dinâmica do mercado de acções. A seleção dos valores p e q para os modelos utilizados baseia-se no teste de diferentes combinações de valores através da aplicação do teste do critério de informação de Akaike (AIC), que se caracteriza por ser afetado negativamente por um maior número de parâmetros nos modelos testados, o que confere uma vantagem em relação aos modelos com menos parâmetros. Parte-se do princípio de que o modelo em que o AIC obtém o valor estatístico de teste mais baixo é o mais ótimo. A ideia de implementar o AIC é selecionar um modelo que minimize a probabilidade de cometer um erro, sancionando o aumento do número de parâmetros. As combinações de saída dos parâmetros p e q são determinadas pelo valor máximo de 2 para ambos os parâmetros e, por conseguinte, são testadas as seguintes combinações: (1,1), (2,1), (1,2) e (2,2). O procedimento de seleção tenta encontrar uma combinação dos dois parâmetros que conduza a uma modelação mais bem sucedida dos dados estudados. Foi selecionado o modelo adequado para cada índice (utilizando os valores AIC de cada modelo, Quadro IV).

No entanto, ao estudar a relação entre os retornos do mercado de acções e o índice iTraxx Europe na segunda parte da análise, aplicaremos o modelo GARCH e o teste de causalidade de Granger. Os dados utilizados neste estudo consistem nas cotações diárias de fecho dos índices iTraxx CDS Europe. O índice tem uma maturidade de 5 anos e é denominado em euros. Todas as cotações do índice são disponibilizadas pela International Index Company. Utilizando dados diários, chamamos a atenção para um potencial problema causado pela presença de um efeito de negociação não-síncrono. Para resolver este problema, propomos um processo de correspondência de dados. Para obter sincronia e compatibilidade entre os dados de rendibilidades diárias dos índices explorados do Sudeste Europeu e os dados de rendibilidades diárias dos índices iTraxx Europe, foram retirados das observações de rendibilidades diárias dos índices CDS de referência - iTraxx Europe - os valores relativos aos dias em que não houve negociação (feriado) para o mercado de capitais relevante do Sudeste Europeu. Também para os dias em que houve negociação nos mercados de capitais do Sueste Europeu, mas não no iTraxx Europe, utilizámos os dados do último dia de negociação dos índices iTraxx Europe. Descrevemos o processo de correspondência de dados que propusemos porque, devido a efeitos de negociação não síncronos, os resultados que receberíamos se o tivéssemos omitido poderiam levar a conclusões substancialmente diferentes (Baumöhl e Vÿrost (2010)).

Os modelos GARCH de ordem superior, designados GARCH *(q, p)*, podem ser estimados escolhendo *q* ou *p* superior a 1, em que *q* é a ordem dos termos GARCH autoregressivos e *p* é a ordem dos termos ARCH de média móvel.

A representação da variância **GARCH *(q, p)*** é:

$$\sigma_t^2 = \omega + \sum_{j=1}^{q} \beta_j \sigma_{t-j}^2 + \sum_{i=1}^{p} \beta_i \varepsilon_{t-i}^2 \quad (2)$$

3.3. Teste de Causalidade de Granger

Analisamos a relação entre o crédito e os mercados acionistas utilizando o conceito de causalidade de Granger. Este aspeto é dado pelas anteriores investigações teóricas e empíricas de Fung et al (2008) e Norden e Weber (2004). Este teste pode ser considerado plausível devido ao modelo de Merton, que afirma que uma alteração negativa na capacidade de crédito de uma empresa tem uma consequência direta no valor do capital próprio da empresa e vice-versa. Esta correlação não implica necessariamente uma relação de causalidade em qualquer sentido significativo da palavra. O cemitério econométrico está cheio de magníficas correlações, que são simplesmente espúrias ou sem sentido. Exemplos interessantes incluem uma correlação positiva entre os salários dos professores e o consumo de álcool e uma

23

magnífica correlação positiva entre a taxa de mortalidade no Reino Unido e a proporção de casamentos solenizados na Igreja de Inglaterra. Os economistas debatem correlações que são menos obviamente sem sentido.

A abordagem de Granger (1969) à questão de saber se x causa y é ver quanto do y atual pode ser explicado por valores passados de y e, em seguida, ver se a adição de valores desfasados de x pode melhorar a explicação. Diz-se que y é causado por Granger por x se x ajudar na previsão de y, ou equivalentemente se os coeficientes sobre os x 's desfasados forem estatisticamente significativos. Note-se que a causalidade bidirecional é frequentemente o caso; x Granger causa y e y Granger causa x.

É importante notar que a afirmação "x Granger causa y" não implica que y seja o efeito ou o resultado de x. A causalidade de Granger mede a precedência e o conteúdo da informação, mas não indica por si só a causalidade na utilização mais comum do termo.

O EViews executa regressões bivariadas com o seguinte formato:

$$y_t = \alpha_0 + \alpha_1 y_{t-1} + ... + \alpha_1 y_{t-1} + \beta_1 x_{t-1} + ... + \beta_1 x_{-1} + \varepsilon_t \ (3)$$

$$x_t = \alpha_0 + \alpha_1 x_{t-1} + ... + \alpha_1 x_{t-1} + \beta_1 y_{t-1} + ... + \beta_1 y_{-1} + u_t \ (4)$$

para todos os pares possíveis de séries (x, y) no grupo-

3.4. Análise de correlação

Kabaivanov (2014) define correlação como uma medida de dependência entre duas variáveis aleatórias, que não implica nem requer uma relação causal entre elas- A correlação correspondente associa as mudanças nas variáveis em consideração sem dar mais informações sobre se essas mudanças estão relacionadas entre si- A correlação é qualquer uma de uma ampla classe de relações estatísticas que envolvem dependência, embora no uso comum se refira mais frequentemente à medida em que duas variáveis têm uma relação linear entre si- O coeficiente de correlação populacional $\hat{\rho}(X, Y)$ entre duas variáveis aleatórias X e Y é definido como:

$$\hat{\rho}(X,Y) = \frac{\hat{\sigma}(X,Y)}{(\hat{\sigma}(X,X).\hat{\sigma}(Y,Y))^{\frac{1}{2}}} \ (5)$$

Um coeficiente de correlação é um número que quantifica um tipo de correlação e dependência, ou seja, relações estatísticas entre dois ou mais valores em estatísticas fundamentais. Cada coeficiente, que tem um valor significativamente diferente de (-1) e (1), revela que não podemos encontrar uma relação linear entre as variáveis observadas.

3.5. Teste Dickey -Fuller Aumentado (ADF)

O teste Dickey-Fuller Aumentado (ADF) constrói uma correção paramétrica para a correlação de ordem superior, assumindo que a série y segue um processo AR(p) e adicionando termos de diferença desfasados da variável dependente y ao lado direito da regressão de teste:

$$\Delta y_t = \alpha y_{t-1} + x_t^{'} \delta + \beta_1 \Delta y_{t-1} + \beta_2 \Delta y_{t-2} + \ldots + \beta_p \Delta y_{t-p} + v_t \ (6)$$

Capítulo 4. Resultados Empíricos

4.1. Estacionário

Quadro V. Resultados da estimativa do *teste de Dickey -Fuller Aumentado (ADF)*

País/ Índices			Retorno do índice de acções	iTraxx Europa
Bulgária	Estatística ADF		-17.64608	-29.77233
	Valores críticos	1%	-3.434142	-3.434109
		5%	-2.863102	-2.863087
		10%	-2.567649	-2.567641
	valor de p		*0.0000*	*0.0000*
Croácia	Estatística ADF		-19.08251	-38.19688
	Valores críticos	1%	-3.434123	-3.434083
		5%	-2.863093	-2.863076
		10%	-2.567645	-2.567635
	valor de p		*0.0000*	*0.0000*
Roménia	Estatística ADF		-20.51754	-38.38557
	Valores críticos	1%	-3.434066	-3.434034
		5%	-2.863068	-2.863054
		10%	-2.567631	-2.567623
	valor de p		*0.0000*	*0.0000*
Eslovénia	Estatística ADF		-20.01663	-38.73776
	Valores críticos	1%	-3.433998	-3.433957
		5%	-2.863038	-2.863020
		10%	-2.567615	-2.567605
	valor de p		*0.0000*	*0.0000*
Turquia	Estatística ADF		-20.51754	-39.04375
	Valores críticos	1%	-3.434066	-3.433897
		5%	-2.863068	-2.862993
		10%	-2.567631	-2.567591
	valor de p		*0.0000*	*0.0000*

Todos os retornos dos índices de acções e do iTraxx Europe, respetivamente, são estacionários a 1st diferença.

Antes de analisar as ligações entre os índices de acções do Sueste Europeu e o índice iTraxx Europe, é aplicado o teste Augmented Dickey-Fuller (ADF) para examinar as propriedades estacionárias da série iTraxx Europe e das séries de retornos. A hipótese nula do teste ADF é que a série tem uma raiz unitária (processo não estacionário). Como se pode ver no quadro acima, as séries são estacionárias na sua primeira diferença. Por isso, diz-se que estão integradas na ordem um.

4.2. Eficiência do mercado

Quadro VI. Resultados da estimação do modelo GARCH para os índices bolsistas

Variable		SOFIX	CROBEX	BET	SBITOP	BIST100
The most appropriate GARCH model		GARCH(1,1) -t	GARCH(1,1) -t	GARCH(1,2) -t	GARCH(1,1) -t	GARCH(1,1) -t
Mean equation	Ø (Constant) DUM (p value)	1.94E-06 (0.9916)	-0.000101 (0.4839)	0.000525 (0.0101)	-0.000161 (0.4157)	0.001218 (0.0001)
Variance equation	ω Constant (p value)	7.16E-06 (0.0000)	6.01E-07 (0.0062)	4.51E-06 (0.0004)	8.30E-06 (0.0001)	8.64E-06 (0.0005)
	ARCH(1) (p value)	0.235893 (0.0000)	0.061052 (0.0000)	0.183072 (0.0000)	0.176159 (0.0000)	0.067432 (0.0000)
	ARCH(2) (p value)					
	GARCH(1) (p value)	0.710542 (0.0000)	0.928035 (0.0000)	0.297778 (0.0521)	0.750574 (0.0000)	0.895448 (0.0000)
	GARCH(2) (p value)			0.496834 (0.0003)		
Coefficient of persistence		0.946435	0.989287	0.977684	0.926833	0.962880

A volatilidade e a persistência de choques na volatilidade para todos os mercados, incluindo os mercados emergentes e desenvolvidos, são apresentadas no quadro VI. O parâmetro ARCH (ARCH(1)no quadro VI) é inferior à unidade para os cinco mercados, o que significa que os choques não são explosivos. As interpretações económicas do efeito ARCH nas rendibilidades das acções têm sido apresentadas tanto no âmbito micro como macroeconómico, de acordo com Bollerslev et al. (1992) e outros estudos. O efeito ARCH nas rendibilidades das acções pode dever-se ao agrupamento de volumes de transacções, taxas de juro nominais, rendimentos de dividendos, índice iTraxx Europe, etc.

Além disso, a persistência dos choques é medida por *(parâmetros ARCH+GARCH)* no modelo GARCH. Os coeficientes de persistência variam entre 0,926833 (SBI TOP) e 0,989287 (CROBEX) para o período examinado. É importante notar aqui que o índice esloveno SBI TOP tem o valor mais baixo do coeficiente de persistência, o que nos leva a concluir que este índice é o mais eficiente do grupo. Em contrapartida, o coeficiente de persistência para o índice croata CROBEX tem o valor mais elevado (0,989287), o que indica que este índice é o mais ineficiente. Com isto em mente, os índices analisados podem ser divididos em dois grupos de acordo com os valores do coeficiente de persistência (abaixo ou acima da média aritmética 0,96). No primeiro grupo estão os índices SBI TOP e SOFIX, cujo valor do coeficiente de persistência é inferior a 0,96, o que implica que os choques decaem com o tempo. O segundo grupo contém os índices CROBEX, BET e BIST100 com um coeficiente de persistência superior a 0,96, que representa a alteração da resposta dos choques à persistência da volatilidade, o que implica que a resposta da volatilidade aumenta com o tempo. Por outras palavras, os índices SEE do primeiro grupo têm uma eficiência relativamente elevada, enquanto os restantes têm uma eficiência de mercado relativamente baixa. Aqui, podemos assumir que estes mercados de capitais não têm um comportamento homogéneo e síncrono durante o período de recuperação pós-crise. Além disso, a divisão em dois grupos devido ao nível de eficiência do mercado não pode ser feita com base nos mercados desenvolvidos e em desenvolvimento da região.

Resumindo os resultados acima para o período pós-crise, podemos concluir que os índices examinados não se caracterizam pela eficiência do mercado de acordo com a HME. A imagem geral para este período é que a assimetria de informação registada atribui à separação dos índices do SEE em dois grupos. O primeiro grupo contém os índices CROBEX, BET e BIST100 cujos coeficientes de alavancagem têm valores absolutos elevados, indicando que a informação de mercado tem um grande efeito na volatilidade. Os membros do segundo grupo são SOFIX e SBITOP, cujos coeficientes de alavancagem têm um valor baixo, o que resulta numa fraca reação à entrada de novas informações no mercado e na atenuação da assimetria de informação. No entanto, os mercados financeiros examinados não podem ser separados em grupos com base nos mercados desenvolvidos e em desenvolvimento.

4.3. Ligações entre índices de acções e o índice iTraxx Europe

4.3.1. O impacto do índice iTraxx Europe na dinâmica do mercado de capitais

Quadro VII. Resultados da estimação de modelos GARCH para a influência do iTraxx Europe na dinâmica do mercado de capitais

Variable		SOFIX	CROBEX	BET	SBITOP	BIST100
The most appropriate GARCH model		GARCH(1,1)-t	GARCH(1,1)-t	GARCH(1,2)-t	GARCH(1,1)-t	GARCH(1,1)-t
Mean equation	Ø *(Constant)* DUM *(p value)*	2.68E-05 (0.8848)	-0.000108 (0.4542)	0.000515 (0.0121)	-0.000194 (0.3241)	0.001083 (0.0006)
Variance equation	ω *Constant (p value)*	7.09E-06 (0.0000)	6.00E-07 (0.0062)	4.52E-06 (0.0004)	8.27E-06 (0.0001)	8.33E-06 (0.0007)
	iTraxx Europe (p value)	-0.064954 (0.0447)	0.012117 (0.6835)	0.032169 (0.4444)	0.088761 (0.0107)	0.232885 (0.0000)
	ARCH(1) (p value)	0.237692 (0.0000)	0.060969 (0.0000)	0.183278 (0.0000)	0.176220 (0.0000)	0.068835 (0.0000)
	ARCH(2) (p value)					
	GARCH(1) (p value)	1.107085 (0.0000)	0.928162 (0.0000)	0.294088 (0.0522)	0.750791 (0.0000)	0.895636 (0.0000)
	GARCH(2) (p value)			0.500308 (0.0002)		
Coefficient of persistence		1.344777	0.989131	0.977674	0.927011	0.964471

Fonte: Cálculos dos autores.

A tabela VII apresenta os valores do índice iTraxx Europe na equação do modelo GARCH(p,q). De notar que para três dos índices analisados existem valores estatisticamente significativos a 5% do iTraxx Europe. Além disso, os valores absolutos do índice iTraxx Europe variam entre 0,064954 (SOFIX) e 0,232885 (BIST100). Notavelmente, o valor mais elevado do iTraxx Europe é registado para o BIST100, o que indica que este índice tem uma influência relativamente significativa na dinâmica do desenvolvimento do mercado de capitais turco. Aqui, devemos especificar que os outros índices iTraxx Europe estatisticamente significativos são calculados apenas para os mercados de capitais emergentes do Sudoeste Europeu - búlgaro (-0,064954) e esloveno (0,088761). Uma das possíveis explicações para os valores insignificantes registados do iTraxx Europe para o mercado croata, definido como desenvolvido, é que estes dados já estão incluídos nas decisões de fixação de preços dos agentes de mercado. Neste caso, podemos concluir que o índice iTraxx Europe tem influência na dinâmica dos mercados de capitais da Bulgária, Eslovénia e Turquia e, por conseguinte, nos preços dos activos financeiros. O valor negativo do coeficiente do iTraxx Europe para a Bulgária pode ser considerado que a volatilidade dos retornos do índice de choque está significativamente relacionada com o índice iTraxx CDS e com a informação específica da empresa incorporada nos preços das acções antes de aparecer no valor do índice iTraxx CDS.

Em suma, encontramos provas de que o índice iTraxx Europe tem capacidade de previsão, relacionando-se com a dinâmica do mercado financeiro dos mercados de capitais emergentes e desenvolvidos do Sudoeste Europeu. O índice iTraxx Europe tem influência na dinâmica do mercado de capitais dos mercados em desenvolvimento da Bulgária e da Eslovénia e do mercado desenvolvido da Turquia, respetivamente, e, por conseguinte, nos preços dos activos financeiros.

Além disso, o coeficiente de persistência do SOFIX demonstra o maior grau de flutuação depois de incluirmos os retornos diários dos índices iTraxx Europe como variável explicativa. O resultado revela a seguinte flutuação - de 0,946435 para 1,344777 - que é o maior aumento do coeficiente de persistência para todos os índices SEE. Isto pode ser interpretado com base na HME, que as flutuações dos índices iTraxx Europe aumentam os seus valores absolutos de (0,962880) para (0,964471) para o mercado de capitais turco e de (0,926833) para (0,927011) para o esloveno. Observamos novamente um aumento dos coeficientes de persistência, mas com uma alteração inferior à do SOFIX búlgaro - o aumento para o mercado de capitais turco é de (0,001589) e para o esloveno é de (0,000178) em valores absolutos. Os resultados da modelação GARCH dos retornos diários das variáveis observadas revelam que, durante o período pós-crise, a ativação dos índices iTraxx Europe como variável explicativa para os mercados de capitais do Sueste Europeu, especialmente para a Bulgária, a Eslovénia e a Turquia, diminui a sua eficiência de informação. Assim, podemos determinar que o processo de transação e incorporação de informação é reduzido, especialmente no caso da Bulgária.

Os resultados indicam que a dinâmica dos índices iTraxx Europe desempenha um papel significativo na afetação da volatilidade dos mercados do Sueste Europeu, mas não da Croácia e da Roménia. Isto revela que o mercado de CDS pode aumentar a turbulência dos mercados de capitais acima referidos. É interessante para os reguladores porque a eclosão da crise financeira mostrou que a negociação de CDS espalhou o risco de crédito pelos mercados bolsistas. A eficiência relativa do mercado de CDS e do mercado de acções pode ser utilizada para um melhor acompanhamento e gestão da transferência de riscos e para promover políticas e estratégias que melhorem a eficiência da fixação de preços.

4.3.2. Relação entre os retornos dos índices do mercado de acções e os retornos do índice iTraxx Europe

Tabela VIII. Resultados do teste de causalidade de Granger para estabelecer a

influência informacional e a relação entre os retornos dos índices bolsistas e os retornos do *índice* iTraxx Europe *(4 desfasamentos)*

Country	Null hypothesis	F-Statistic	P value	Decision
Bulgaria	*SOFIX does not Granger Cause ITRAXX*	2.71053	**0.0287**	ITRAXX ← SOFIX
	ITRAXX does not Granger Cause SOFIX	0.42411	0.7913	
Croatia	*CROBEX does not Granger Cause ITRAXX*	7.68635	**4.E-06**	ITRAXX ← CROBEX
	ITRAXX does not Granger Cause CROBEX	2.13462	0.0742	
Romania	*BET does not Granger Cause ITRAXX*	2.29720	0.0570	ITRAXX → BET
	ITRAXX does not Granger Cause BET	8.48452	**9.E-07**	
Slovenia	*SBI TOP does not Granger Cause ITRAXX*	2.85876	**0.0224**	ITRAXX ↔ SBI TOP
	ITRAXX does not Granger Cause SBI TOP	4.61031	**0.0011**	
Turkey	*BIST100 does not Granger Cause ITRAXX*	8.24810	**1.E-06**	ITRAXX ↔ BIST100
	ITRAX Xdoes not Granger Cause BIST100	4.92874	**0.0006**	

Rejeição da hipótese nula ao nível de significância de 5% e aceitação da hipótese alternativa que determina a influência informativa da variável em causa

Fonte: Cálculos dos autores.

A investigação do mecanismo de transmissão do risco de crédito nos diferentes mercados é um fator que nos permite diferenciar os vários níveis de eficiência dos mercados entre países desenvolvidos e países em desenvolvimento. No nosso estudo, o mecanismo acima referido é revelado pelo teste de causalidade de Granger. Para determinar o número de desfasamentos no nosso modelo, são aplicados os critérios de informação de Akaike e Schwarz; na nossa amostra, foi selecionado um desfasamento de 4 de acordo com estes critérios para todos os casos investigados. A análise dos resultados do teste de causalidade de Granger sobre os retornos das séries diárias indica que a causalidade existe em ambas as direcções: os retornos dos índices bolsistas causam o retorno dos índices iTraxx Europe e vice-versa. No período pós-crise, observamos uma relação significativa entre ambas as variáveis para todos os países estudados, com 4 desfasamentos.

1. É de notar que, no período pós-crise examinado, com 4 desfasamentos, observamos uma forma casual de determinar a influência informativa dos mercados bolsistas sobre o iTraxx Europe dos seguintes países: Bulgária e Croácia. No nosso estudo, o mercado de capitais croata é caracterizado como um mercado desenvolvido, mas os resultados da causalidade de

Granger são idênticos aos da Bulgária: O SOFIX granjeia o iTraxx Europe; o CROBEX granjeia o iTraxx Europe, pelo que temos de fazer uma observação de que, de acordo com os resultados supramencionados, com 4 desfasamentos durante o período pós-crise, os mercados de capitais podem ser um fator determinante para os mercados de swaps de risco de incumprimento. Este resultado está em consonância com os estudos de Bystrom (2008) e Fung et al. (2008), que demonstraram que a informação é primeiro incorporada nos mercados de acções e depois transportada para o mercado de swaps de risco de incumprimento. Com base nos resultados acima referidos, podemos concluir que os mercados bolsistas destes países lideram o mercado iTraxx Europe no processo de descoberta de preços. Estes resultados implicam que os preços do mercado de acções incorporam a alteração do risco de incumprimento mais rapidamente do que o mercado dos índices iTraxx. Este facto é coerente com as teorias de seleção do mercado. De acordo com estas teorias, existe um equilíbrio distinto em que os operadores e investidores informados preferem negociar o risco de incumprimento e obter proteção de crédito sobretudo ou apenas nos mercados de capitais. Isto reflecte-se no facto de os mercados bolsistas da Bulgária e da Croácia reflectirem as informações mais recentes relacionadas com a dinâmica do risco de incumprimento. Este resultado é crucial tanto para os operadores económicos como para os decisores políticos. Uma das possíveis causas para a influência dos mercados de capitais nos índices iTraxx Europe pode ser a inclusão do elevado custo de negociação no mercado de CDS, a lenta transferência de informação entre os vários sectores económicos e a existência de uma relação não linear entre ambos os mercados.

2. Por outro lado, para o BET romeno, a relação entre ambas as séries possui uma influência determinística oposta, em comparação com as da Bulgária e da Croácia. O iTraxx é um instrumento financeiro que reage de forma sensível a fluxos de informação negativos ou positivos. Estes fluxos de informação são determinantes para a dinâmica dos índices do mercado de acções. Se considerarmos os resultados do teste de causalidade de Granger à EMH, devemos classificar o mercado de capitais romeno como mais eficaz do que os mercados búlgaro e croata, o que significa que o mercado de acções romeno pode ser classificado como eficiente durante o período pós-crise. O que devemos salientar é o facto de a relação existente "iTraxx Europe- stock markets" para a Roménia, poder classificá-la como mais desenvolvida do que a Bulgária e a Croácia. O aumento do grau de integridade do mercado, relacionado com o mecanismo de transmissão dos fluxos de informação do iTraxx

Europe para os mercados de capitais, pode ser aceite como um reconhecimento da EMH. Nas condições de recuperação pós-crise, os resultados do teste de causalidade de Granger revelam que as alterações nos valores do iTraxx são um indicador importante para o mercado de acções que apresentam riscos futuros. Se os swaps "pressentirem" o risco nas condições actuais, isso refletir-se-á obrigatoriamente na valorização dos preços na bolsa de valores da Roménia. Isto contribui para o facto de o mercado iTraxx Europe antecipar a deterioração do crédito das empresas antes dos mercados bolsistas. No que diz respeito aos participantes nos mercados de derivados, o seu rácio de alavancagem pode ser considerado como um mecanismo preferido para uma negociação informada.

3. Na Eslovénia - um país com um mercado de capitais em desenvolvimento - e na Turquia - um país considerado por nós como desenvolvido - a iteração entre ambos os mercados financeiros explorados é bilateral, ou seja, os mercados de capitais causam o iTraxx Europe e vice-versa. Num período pós-crise, esta relação bilateral é importante para os gestores de risco que utilizam os índices CDS como instrumento de cobertura. Esta ligação permite que os investidores transfiram e operem com o risco de crédito de uma forma mais eficiente. Quando exploramos a relação bilateral entre ambas as séries, isso significa que elas se influenciam mutuamente. No caso da Turquia e da Eslovénia, observamos uma interação de informação com ausência de influência determinística dominante dos mercados bolsistas para o iTraxx e vice-versa, pelo que, de acordo com a HME, podemos classificá-las como eficazes.

4.4. Análise de correlação

Quadro V. Matriz de correlação dos índices de mercado do SEE examinados

	BET	BIST100	CROBEX	ITRAXX	SBI TOP	SOFIX
BET	1.000000					
BIST100	0.821058	1.000000				
CROBEX	-0.031218	-0.167959	1.000000			
ITRAXX	0.901108	0.860952	-0.350566	1.000000		
SBI TOP	-0.110909	-0.456468	0.508268	-0.321795	1.000000	
SOFIX	0.714536	0.479666	0.084982	0.678091	0.177764	1.000000

Fonte: Cálculos dos autores.

A fim de examinar o co-movimento dos mercados de capitais da Europa de Leste, é aplicada a análise de correlação. A matriz de correlação é apresentada no Quadro V. A correlação entre os índices dos mercados bolsistas do Sueste Europeu é geralmente elevada e moderada na maioria dos casos, o que indica uma elevada interdependência entre estes índices. O índice búlgaro SOFIX regista as correlações mais elevadas com os outros índices examinados. Além disso, o mercado de capitais búlgaro apresenta a maior correlação com os outros índices. O coeficiente de correlação com a Roménia (BET) é de r= 0,714536 e a correlação com o BIST100 da Turquia é de r= 0,479666. Em contrapartida, o mercado de capitais menos conectado da região é o da Eslovénia, considerando os valores mais baixos dos coeficientes de correlação registados. De facto, o índice SBI TOP está negativamente correlacionado com os índices BET (-0,110909) e BIST100 (-0,456468) e tem também uma correlação moderada e positiva com o CROBEX (0,508268). O índice romeno BET está relativamente bem correlacionado com o índice turco BIST100 (0,821058) e o índice búlgaro SOFIX (0,714536), devido aos coeficientes de correlação positivos e elevados. Consequentemente, o mercado de capitais romeno está fortemente ligado aos mercados financeiros da Turquia e da Bulgária, o que sublinha a integração do mercado financeiro regional. Ficou provado que o índice BIST100 do mercado de capitais turco desenvolvido registou uma correlação negativa baixa ou moderada com o CROBEX e o SBI TOP. O coeficiente de correlação com a Croácia é de r=-0,167959 e a correlação com a Eslovénia é de r=-0,456468. Por conseguinte, não existe um mercado financeiro líder e dominante que influencie a dinâmica do mercado de todos os outros índices do Sueste Europeu.

As correlações negativas moderadas, de cerca de -0,3 para o SBI TOP (-0,321795) e o CROBEX (-0,350566), indicam uma forte relação negativa entre o índice iTraxx e a dinâmica do retorno das acções. Assim, os preços das acções têm claramente uma tendência para aumentar quando o valor do índice iTraxx diminui e vice-versa. Isto é o que esperaríamos do modelo estrutural de Merton (Merton (1974)) porque o modelo estrutural do tipo Mertont implica uma relação negativa entre o mercado de CDS e os preços das acções. Estes resultados confirmam os da análise da sua dinâmica durante o período explorado (Figura 1). Assim, podemos concluir que para o período pós-crise existe um co-movimento negativo entre o CROBEX- iTraxx Europe e o SBI TOP- iTraxx Europe. Isto confirma que as más notícias sobre uma ação nos mercados acima mencionados têm um impacto negativo nos preços. Estes resultados são consistentes com os de Bystrom (2008), nomeadamente que os spreads dos CDS tendem a aumentar se os preços das acções caírem e vice-versa. Além disso, as correlações entre o índice iTraxx e os índices de acções BET (0,901108), BIST100 (0,860952), SOFIX (0,678091) são todas altamente significativas. Os coeficientes de correlação situam-se no intervalo de 0,67 a 0,90. É bastante claro que o valor do índice iTraxx aumenta com o aumento da rendibilidade do mercado bolsista e vice-versa.

CONCLUSÃO

Os mercados de capitais emergentes da Roménia e os mercados desenvolvidos da Turquia e da Croácia podem ser definidos como ineficientes de acordo com a HME durante o período pós-crise. Apenas os mercados bolsistas búlgaros e eslovenos em desenvolvimento são caracterizados como eficientes devido aos baixos valores do coeficiente de persistência. Tudo considerado, é razoável assumir que os mercados de capitais do Sueste Europeu não são eficientes no contexto da HME. Estes resultados são coerentes com as conclusões de Ivanov e et al. (Ivanov, I., Lomev, B., Bogdanova, B., 2012). Estes investigam a eficiência do mercado de sete bolsas de valores emergentes da Europa de Leste (Sérvia, Roménia, Turquia, Croácia, Rússia, Ucrânia e Bulgária) no que respeita à dependência de longo prazo (DLD). Os autores estabelecem que, para todos os índices examinados, há claramente uma indicação de desvio da hipótese do passeio aleatório e, por conseguinte, os mercados estudados manifestam ineficiência.

Neste estudo, alargamos a investigação empírica anterior, investigando a relação entre o índice iTraxx Europe e os mercados bolsistas, respetivamente a transferência do risco de crédito. Os estudos existentes encontram provas contraditórias sobre a relação entre os fluxos de informação entre os índices CDS e os mercados de acções. Esta questão é esclarecida comparando a reação do preço das acções com a reação do iTraxx Europe a uma série de eventos de crédito adversos durante o período pós-crise. Além disso, o índice iTraxx Europe tem capacidade de previsão, relacionando-se com a dinâmica do mercado financeiro dos mercados de capitais emergentes e desenvolvidos do Sudoeste Europeu. No período pós-crise, os impulsos de mercado do iTraxx Europe determinam em maior grau a dinâmica do retorno do BIST 100, em comparação com outros índices do Sueste Europeu estudados, especialmente o SOFIX búlgaro e o SBI TOP esloveno. A inclusão no modelo do retorno dos índices búlgaro, turco e esloveno do iTraxx Europe como variável leva a alterações na sua eficiência de informação. A diminuição da eficiência da informação dos índices búlgaro, turco e esloveno revela que, no período pós-crise, a dinâmica do mercado dos três índices não é fortemente determinada pela dinâmica do iTraxx Europe e não segue, em geral, uma tendência de mercado pós-crise semelhante. Embora a dinâmica do retorno do iTraxx Europe tenha a influência mais determinante sobre o BIST 100 turco, o SOFIX búlgaro demonstra uma reação mais forte à informação futura do mercado de swaps de risco de incumprimento de crédito, em particular dos índices iTraxx Europe, de modo a reduzir a sua eficiência da informação.A reação mais moderada do SBI TOP e do BIST 100, em comparação com o SOFIX, relacionada com a influência da informação dos retornos diários do iTraxx Europe pode ser explicada pela relação causal bilateral entre os dois mercados. O mecanismo de transmissão do risco de crédito é observado a partir dos índices do mercado bolsista para os índices iTraxx Europe e vice-versa. No caso da Bulgária e da Croácia, as relações causais são dos rendimentos do mercado bolsista para o iTraxx Europe. No caso da BET romena, os fluxos de informação do mercado de swaps de risco de incumprimento de crédito estão em relação casual com o seu mercado de capitais, o que pode classificar o mercado de capitais romeno como mais desenvolvido e eficiente do que o búlgaro e o croata. Na Eslovénia e na Turquia, a iteração entre os dois mercados financeiros explorados é bilateral, pelo que, de acordo com a HME, no período pós-crise, podemos classificá-los como eficazes. Estas relações significativas entre os dois mercados explorados indicam oportunidades lucrativas para os comerciantes nos dois tipos de mercados - mercados de derivados e de capitais.

Resumindo os resultados da análise de correlação, pode concluir-se que os mercados de capitais do Sueste Europeu estão altamente relacionados, o que também mostra o co-movimento na sua dinâmica de mercado. O grau de desenvolvimento dos mercados de capitais também determina as ligações entre eles, mostrando que os mercados desenvolvidos demonstram uma correlação positiva mais baixa do que os mercados em desenvolvimento. No que diz respeito à Bulgária, o SOFIX está fortemente correlacionado com os outros mercados do Sueste Europeu devido aos valores positivos elevados ou médios dos coeficientes de correlação registados. Além disso, as correlações positivas significativas entre os spreads do índice iTraxx e a dinâmica dos retornos das acções do BET, do BIST100 e do SOFIX revelam uma ligação estreita entre os dois mercados. Os spreads do ITraxx têm uma forte tendência para se alargarem quando os preços das acções aumentam e vice-versa. Em contrapartida, a volatilidade dos retornos dos índices de acções também apresenta uma correlação negativa moderada com os spreads do índice CDS iTraxx; verifica-se que os spreads aumentam (diminuem) com a diminuição (aumento) da volatilidade das acções. A análise de correlação revelou que o iTraxx Europe se reduz quando os preços das acções sobem e vice-versa

REFERÊNCIAS

Aga, M., Kocaman, B. *(2011},Efficient Market Hypothesis and Emerging Capital Markets: Empirical Evidence from Istanbul Stock Exchange.* Journal of Financial Markets Research, 44-57.

Ang, A., Longstaff, F. (2011), *Systemic Sovereign Credit Risk: Lessons from the U.S. and Europe.* Documento de trabalho do NBER n.º 16982.

Armeanu, D., Cioaca, S. (2014), *Testing the Efficient Markets Hypothesis on the Romanian Capital Market.* Actas da 8.ª Conferência Internacional de Gestão "Desafios de gestão para o desenvolvimento sustentável", 6 a 7 de novembro de 2014, Bucareste, Roménia, 252-261.

Avino, D., Lazar, E., Varotto, S. (2011), *Which market drives credit spreads in tranquil and crisis periods? Uma análise da contribuição para a descoberta de preços de obrigações, CDS, acções e opções.* Documento MPRA da Biblioteca da Universidade de Munique, Alemanha.

Baciu, O. (2014), *Ranking Capital Market Efficiency: The Case of twenty European Stock Markets.* Journal of Applied Quantitative Methods, 9(3), 24-33.

Baumohl, E., Vyrost, T. (2010), *Stock market integration: Granger Causality testing with respect to Nonsynchronous Trading Effects.* Jornal Checo de Economia e Finanças, 60(5), 414-425.

Blanco, R., Brennan, S., Marsh, I. (2004), *An empirical analysis of the dynamic relationship betweeninvestment-grade bonds and credit default swaps.* Documento de trabalho, Banco de España.

Bystrom, H. (2005), *Credit Default Swaps and Equity Prices: the iTraxx CDS Index Market.* Documentos de Trabalho 2005:24, Universidade de Lund.

Bystrom, H.(2008), *Credit Default Swaps and Equity Prices: The iTraxx CDS Index Market,* Wagner, N. Credit Risk - Models, Derivatives, and Management, Chapman & Hall, 69-83.

Chan-Lau, J., Yoon S. (2004), *Equity Prices, Credit Default Swaps, and Bond Spreads in Emerging Markets.* Documento de trabalho do FMI WP/04/27.

Coronado, M., Corzo, M., Lazcano, L. (2012), *A Case for Europe: A relação entre os CD soberanos e os índices de acções Frontier.Finance* and Economics, 9(2), 32-63.

Corzo, M., Biscarri, J., Benito, L.(2014),*Financial crises and the transfer of risk between the private and public sectors: Evidências dos mercados financeiros europeus.* The Spanish review of Financial Economics,12(1), 1-14.

Corzo, M., Gomez-Biscarri, J., Lazcano, L. (2012), *The Co-Movement of Sovereign Credit Default Swaps and Bonds, and Stock Markets in Europe.* Disponível em SSRN: http://ssrn.com/abstract=2000057 ou http://dx.doi.org/10.2139/ssrn.2000057.

Dieckmann, S., Plank, T. (2011), *Default Risk of Advanced Economies: An Empirical Analysis of Credit Default Swaps during the Financial Crisis.* Review of Finance 15 (3), 1-32.

Dragotä, V., Oprea, D.S. (2014), *Informational efficiency tests on the Romanian stock market: a review of the literature.* The Review of Finance and Banking, 06(1), 015- 028.

Forte, S., Peña, J. (2009), *Credit Spreads: An Empirical Analysis on the informational Content of Stocks, Bonds and CDS.* Journal of Banking and Finance, 33, 2013-2025.

Fung, H, Sierra, G., Yau, J., Zhang, G. *(2008), Are the U.S. Stock Market and Credit Default Swap Market Related? Evidence from the CDX Indices.* Journal of Alternative Investments, 1-46.

Georgantopoulos, A., Kenourgios, D., Tsamis, A. (2011), *Calendar anomalies in emerging Balkan equity markets.* Revista internacional de economia e finanças, 6(1), 6782.

Granger, C.(1969fInvestigating Causal Relations by Econometric Models and Cross spectral Methods.* Econometrica, *37(3),* 424-438.

Gündüz, Y., Kaya, O.(2012), *Sovereign Default Swap Market Efficiency and Country Risk in the Euro Area.* Disponível em SSRN: http://ssrn.com/abstract=1969131.

Hall, S., Miles, D. (1990), *Measuring the Risk of Financial Institution's Portfolios: Some Suggestions for Alternative Techniques Using Stock Prices.* "Henry, S.G.B., Patterson, K.D. (Eds.), Economic Modellingat the Bank of England, Chapman and Hall.

Ivanov, I., Lomev, B., Bogdanova, B. (2012*), Investigation of the market efficiency of emerging stock markets in the East-European region.* International Journal of Applied Operational   Research,2,13-24, doi:http://www.ijorlu.ir/browse.php?mag_id=5&slc_lang=en&sid=1.

Kabaivanov, G., (2014), Ikonometria za finansisti, Evdemoniq- Sofia

Longstaff, F., Mithal, S., Neis, E. (2003), *The Credit-Default Swap Market: Is Credit Protection PricedCorrectly?"*, Documento de trabalho, NBER.

Lonstaff, F., Pan, J., Pedersen, L., Singleton, K. (2011), *How Sovereign is Sovereign Credit Risk?* American Economic Journal: Macroeconomics, 3, 75-103.

Mateev, M., Marinova, E., (2017) "Relationship between Credit Default Swap Spreads and Stock prices: A Non- linear Perspective", Documento de conferência

Merton, R. (1974), *On the pricing of corporate debt: A estrutura de risco das taxas de juro.* The Journal of Finance (2), 449-470.

Norden, L., Weber, M.(2004), *Informational efficiency of credit default swap and stock markets: The impact of credit rating announcements.* Journal of Banking & Finance, 28(11), 2813-2843.

Samitas, A., Kenourgios, D., Paltalidis, N. (2011), *Equity market integration in Balkan emerging markets.* Investigação em Negócios Internacionais e Finanças, 25(3), 296-307.

Syriopoulos, T., Roumpis, E. (2009), *Dynamic correlations and volatility effects in the Balkan equity markets.* Journal of International Financial Markets, Institutions & Money, 19, 565-587.

Tsenkov, V.(2015), *Crisis influences between developed and developing capital markets - the case of central and eastern European countries.* Estudos Económicos, 3,71-108.

Zhu, H. (2006), *An Empirical Comparison of Credit Spreads between the Bond Market and the Credit Default Swap Market.* Journal of Financial Services Research, 29, 211-235.

Marsh, Ian W. e Wagner, Wolf, *Why is Price Discovery in Credit Default Swap Markets News-Specific?* (1 de fevereiro de 2012). Documento de reflexão sobre investigação do Banco da Finlândia n.º 6/2012. Disponível em SSRN: https://ssrn.com/abstract=1998190 ou http://dx.doi.org/10.2139/ssrn.1998190.

Dragota, V., Stoian, A., Pele, D., Mitrica, E., Bensafta, M. (2009), *The development of the Romanian Capital Market: Evidences on Information Efficiency,* Journal of Economic Forescasting, Institute of Economic Forecasting, vol.6(2), 147-160

Dragota, V., Mitrica, E. (2004). *Emerging capital markets's efficiency,* European Journal of

Operational Research, Elsevier, 155(2), 353-360

Pele, D., Voineagu, V. (2008). *Testing market efficiency via decomposition of stock return. Aplicação ao mercado de capitais romeno.* Jornal Romeno de Previsão Económica, 3, 63-79.

BUYUK§ALVARCI, A., ABDIOGLU, *H.(2011). Testing the weak form efficiency of the Turkish stock market,* African Journal of Business Management Vol. 5(34),13044-13056, 28 December, 2011, Disponível online em

http://www.academicjournals.org/AJBM, DOI: 10.5897/AJBM11.2089, ISSN 19938233 ©2011 Academic Journals,13044-13056

Kapusuzoglu, A. (2013), *Testing Weak Form Market Efficiency on the Istanbul Stock Exchange (ISE),* International Journal of Business Management and EconomicResearch, 4(2). *700-705.*

Dorina, L. e Simina, U. (2007) *Testing Efficiency of the Stock Market in Emerging Economies,* Analele Universitatii din Oradea-Stiinte Economice, *XVI,* 827-831

Sonje, V., Alajbeg D., Babus Z. (2011), Efficient Market Hypothesis: Is the Croatian Stock Market as (in) efficient as the US market, *Financial Theory and Practice, 35 (3),* 301-326.

Stanculescu, A., Mitrica, E. (2012), Testing weak form informational efficiency on the Romanian capital market, Theoretical and Applied Economics, Asociatia Generala a Economi§tilor din Romania - AGER, vol. 0(9(574)), 29-36

Bollerslev, T., Chou, R. e Kroner, K. (1992) ARCH modeling in finance, Journal ofEconomics 52, 5-59.

Gradojevic, N., Dobardzic, E. (2012). Causality between Regional Stock Markets: A Frequency Domain Approach". *Panoeconomicus,* 5,633-647. Retirado de doi: 10.2298/PAN1305633G.

Horvath, R., Petrovski, D. (2013). International Stock market integration:Central and South Eastern Europe compared. Documento de trabalho do IOS, n.º 317.

Sistema de ajuda E-Views (2016), Quantitative Micro Software, http://www.eviews.com.

Printed by Books on Demand GmbH, Norderstedt / Germany